ANGELA LAGO

DE NOCHE EN LA CALLE

EDICIONES EKARÉ

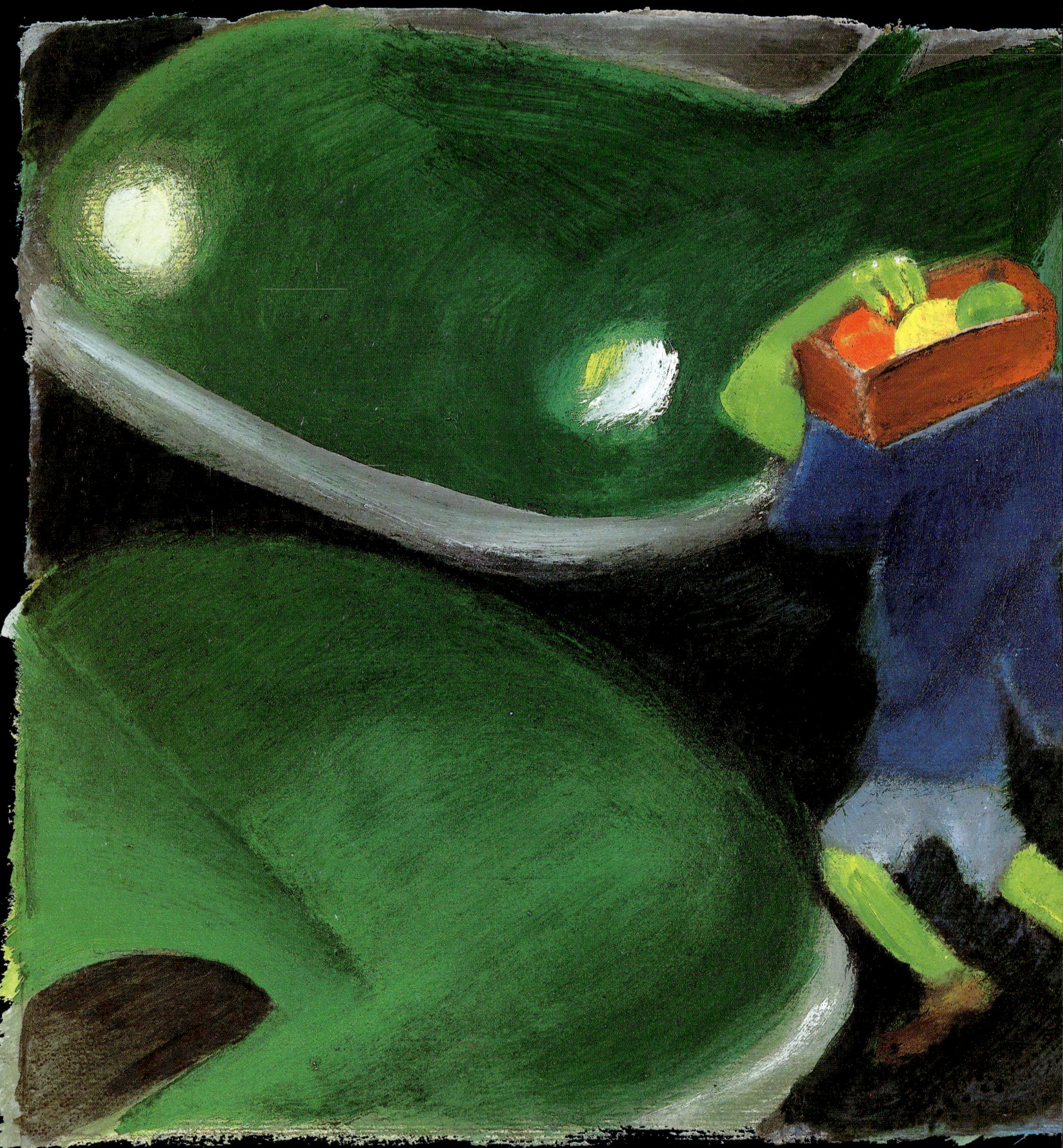

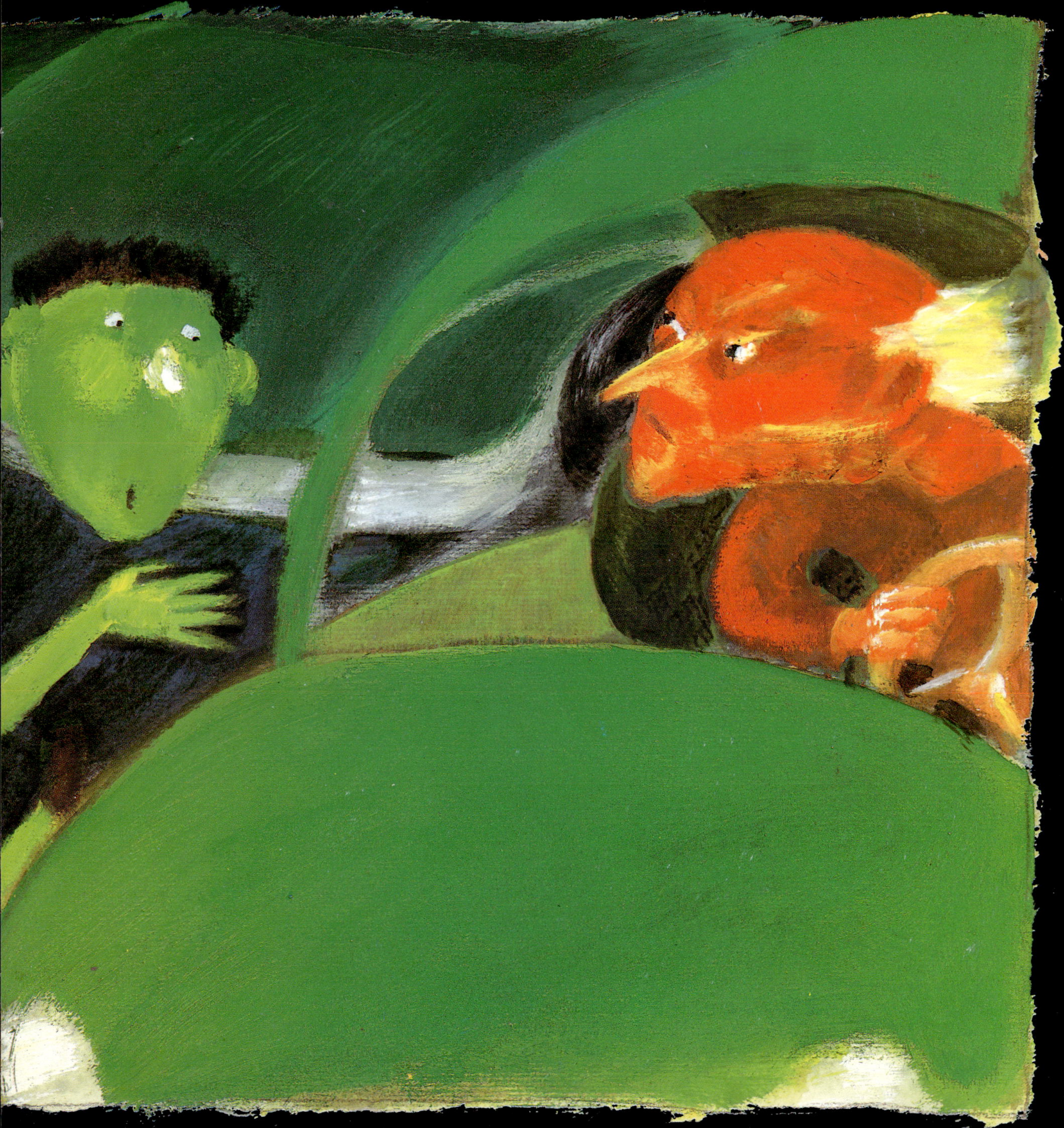

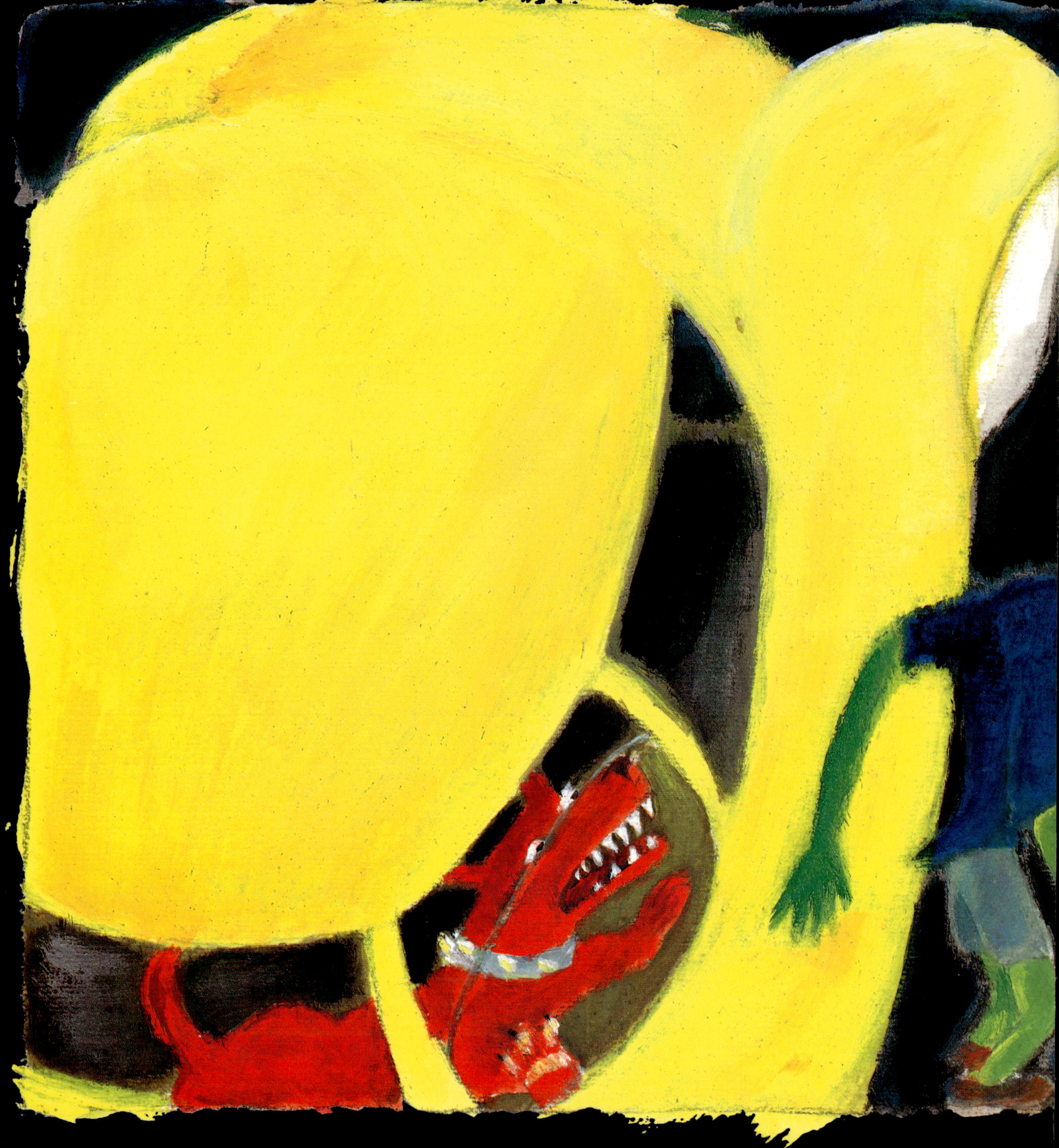

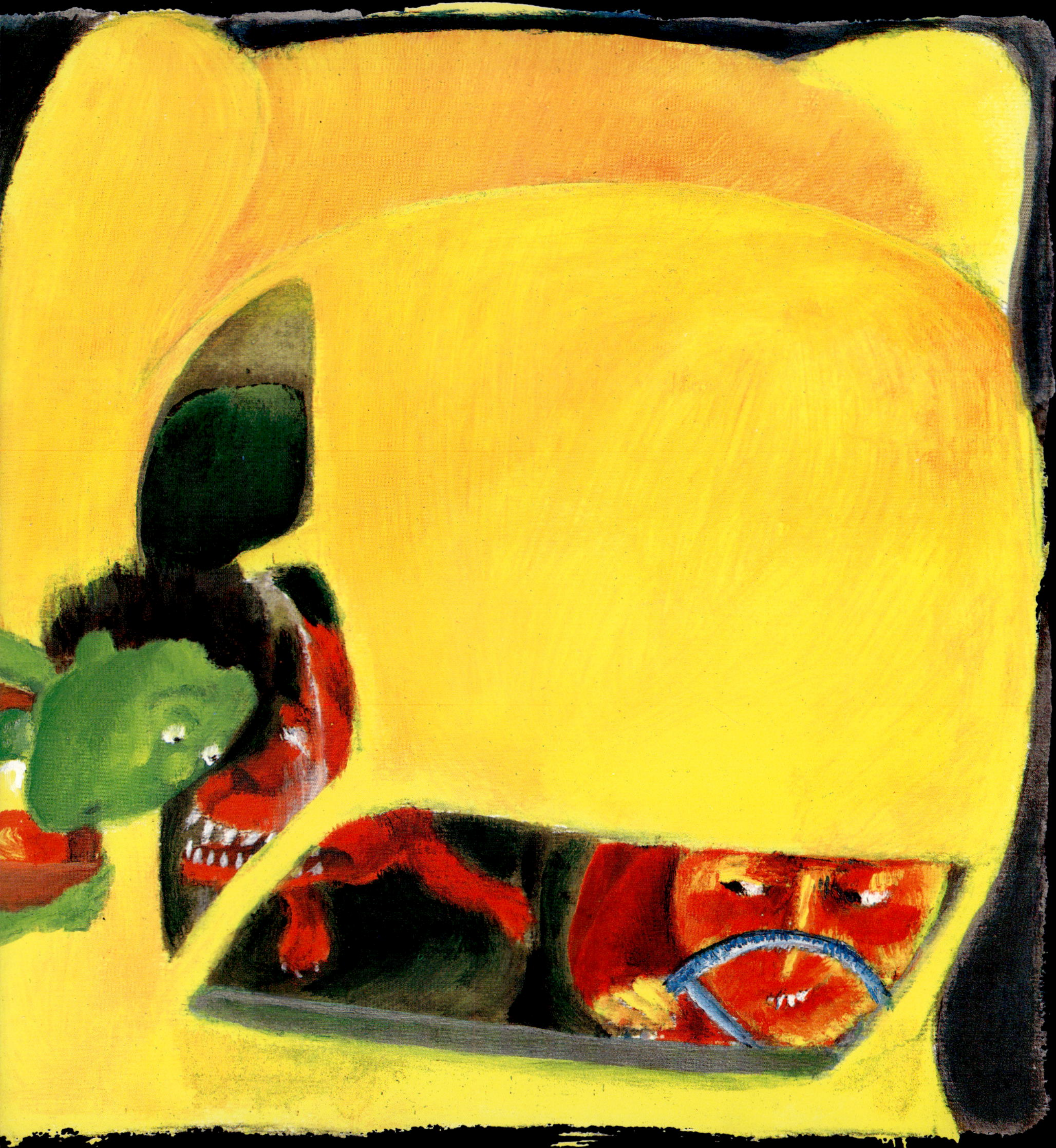

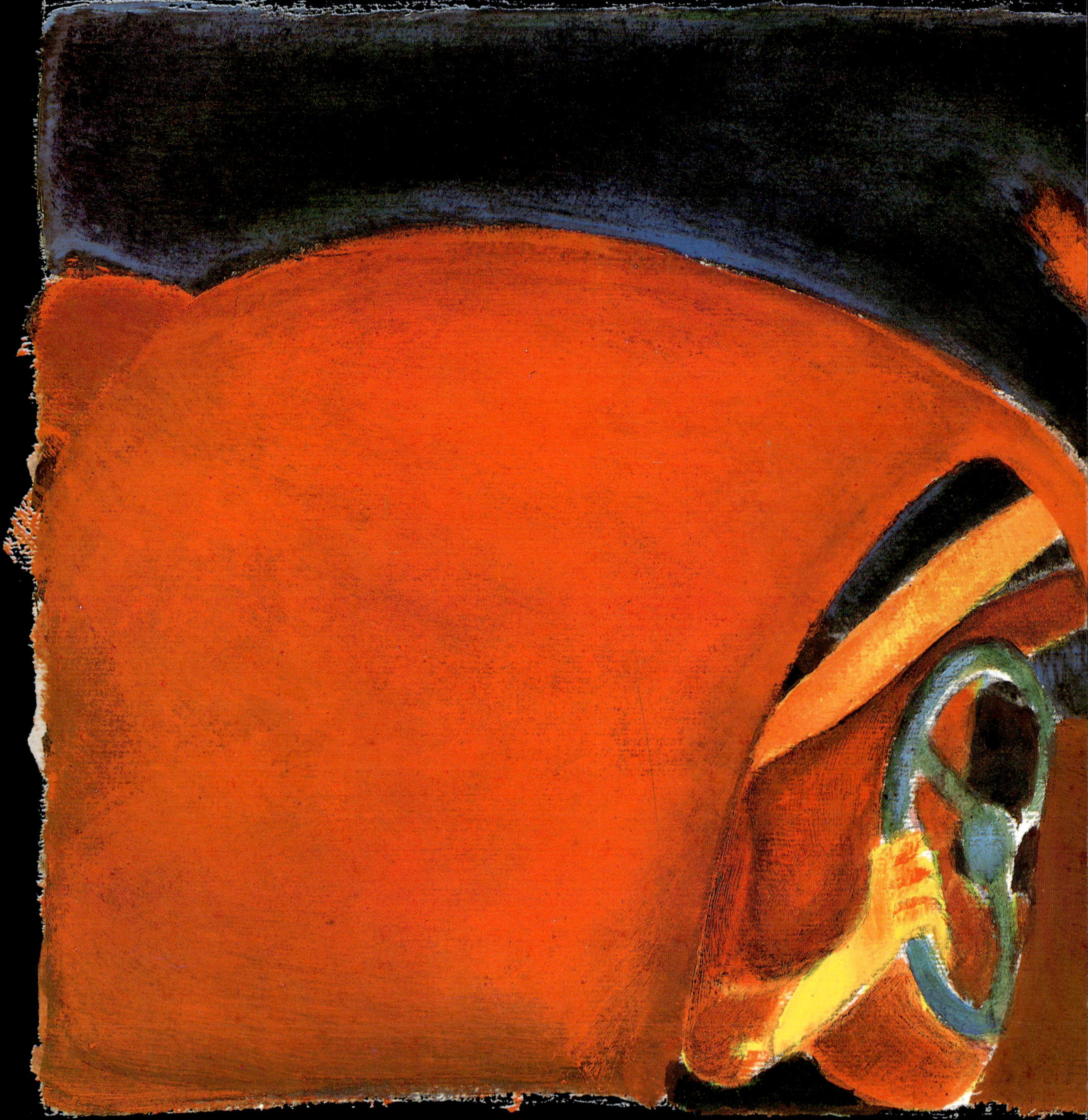

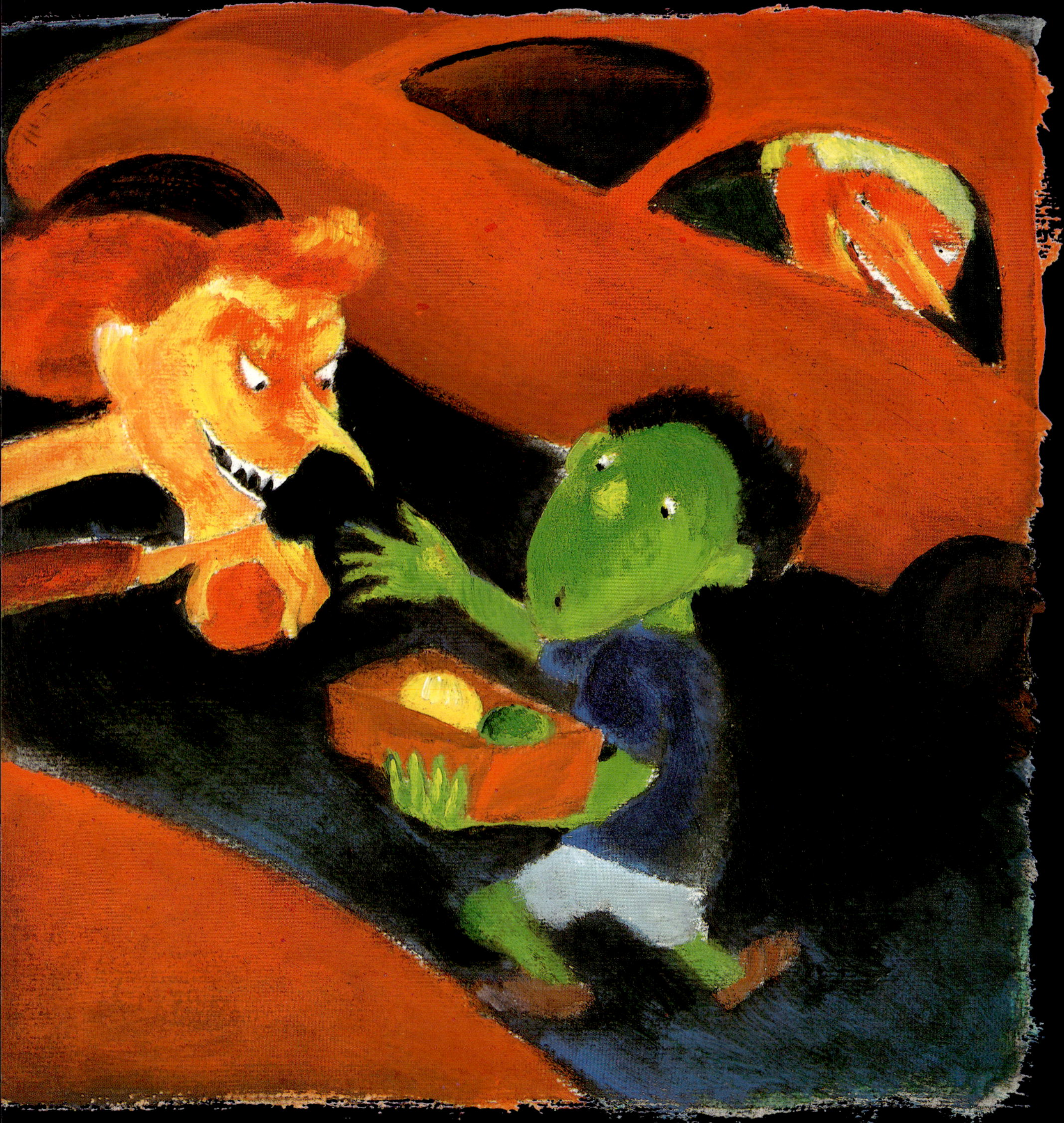

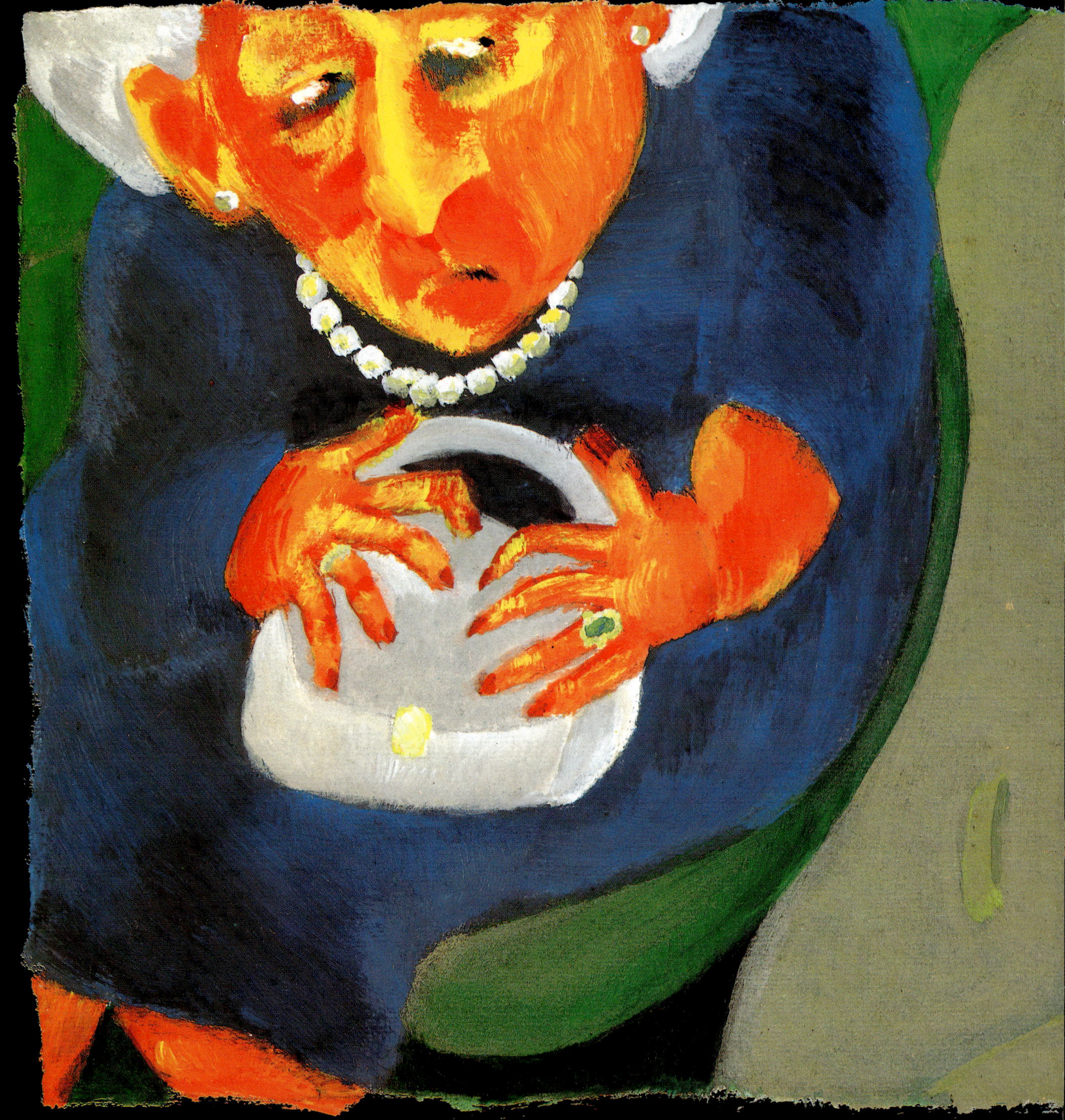

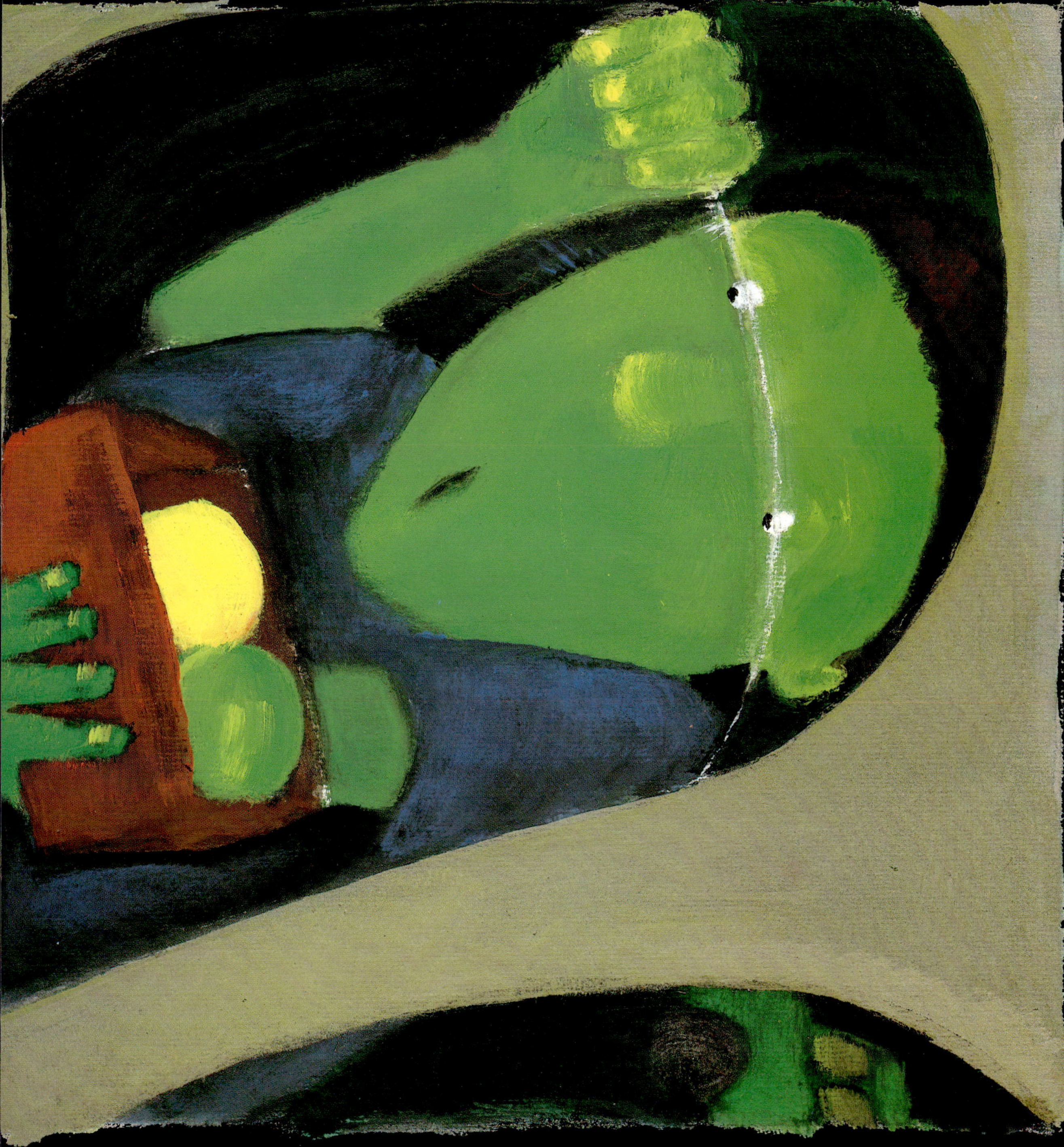

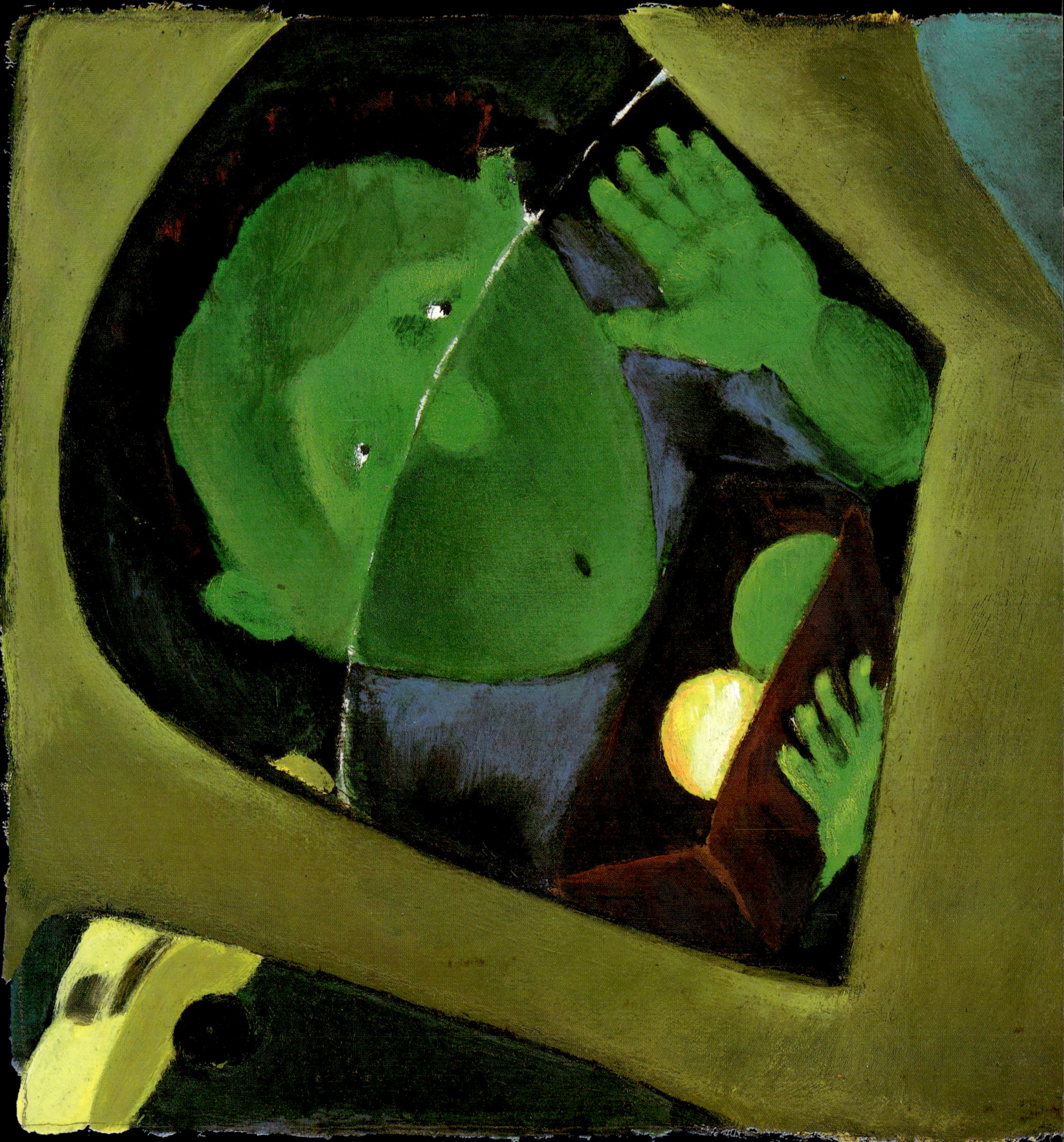

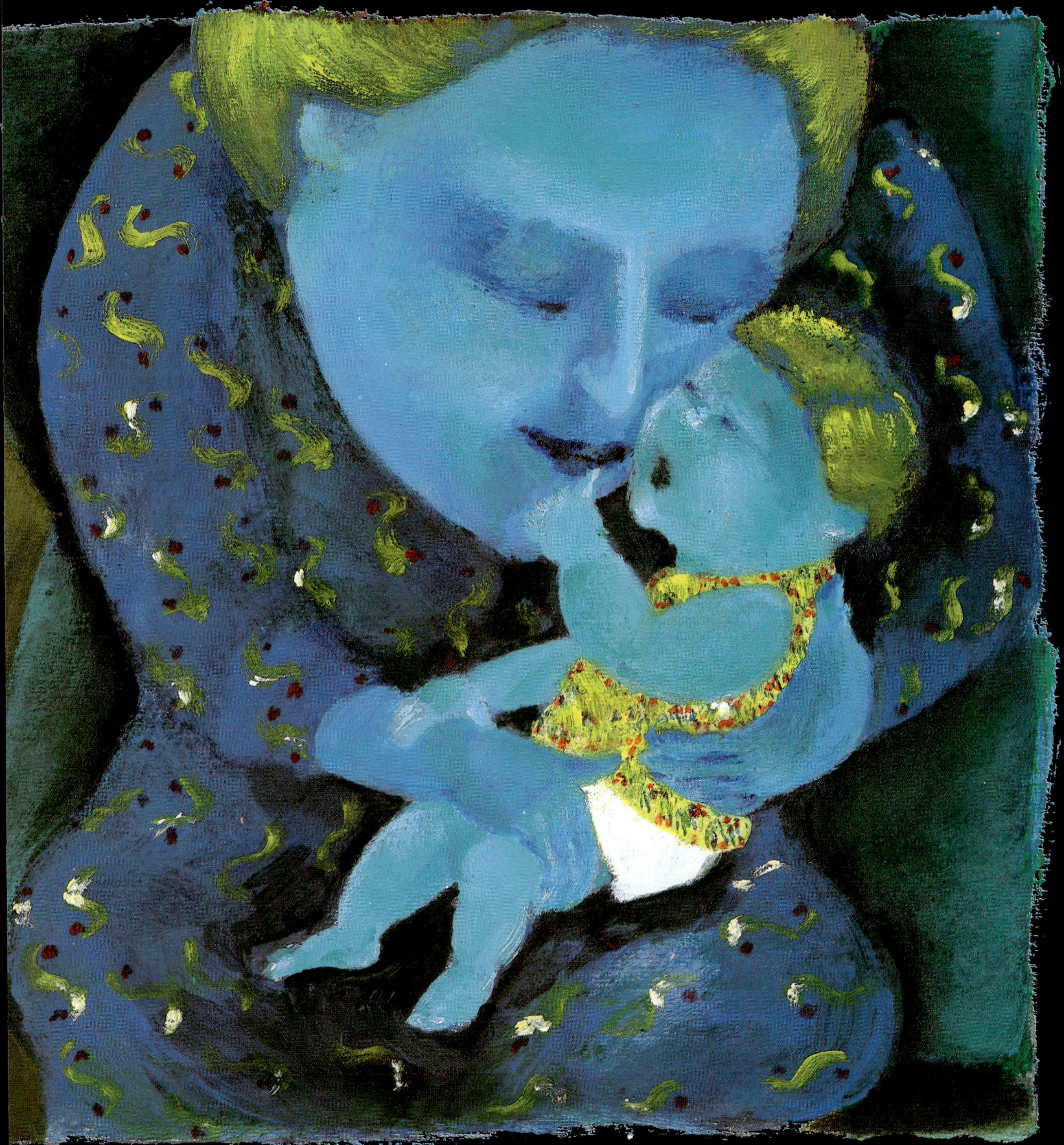

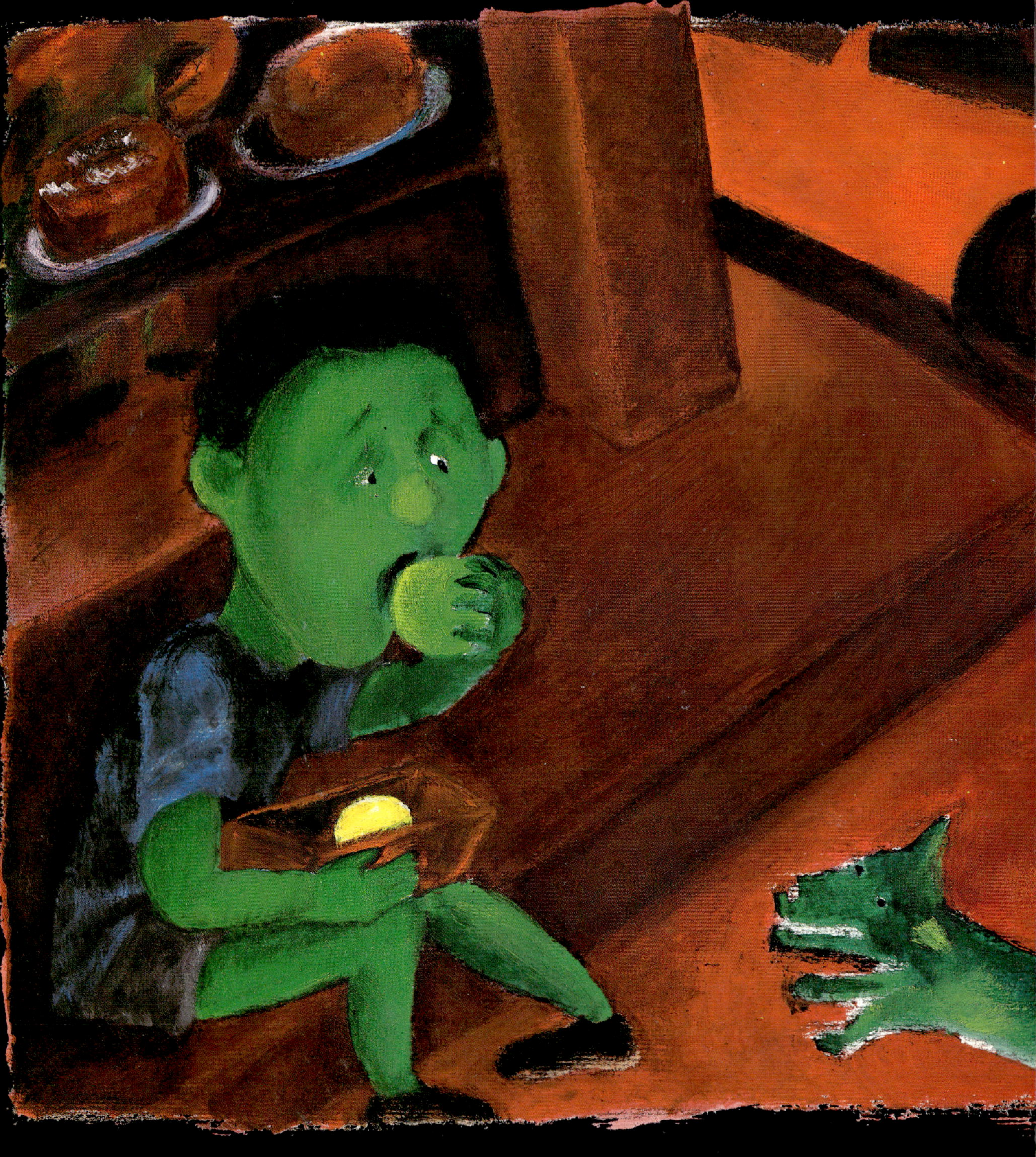

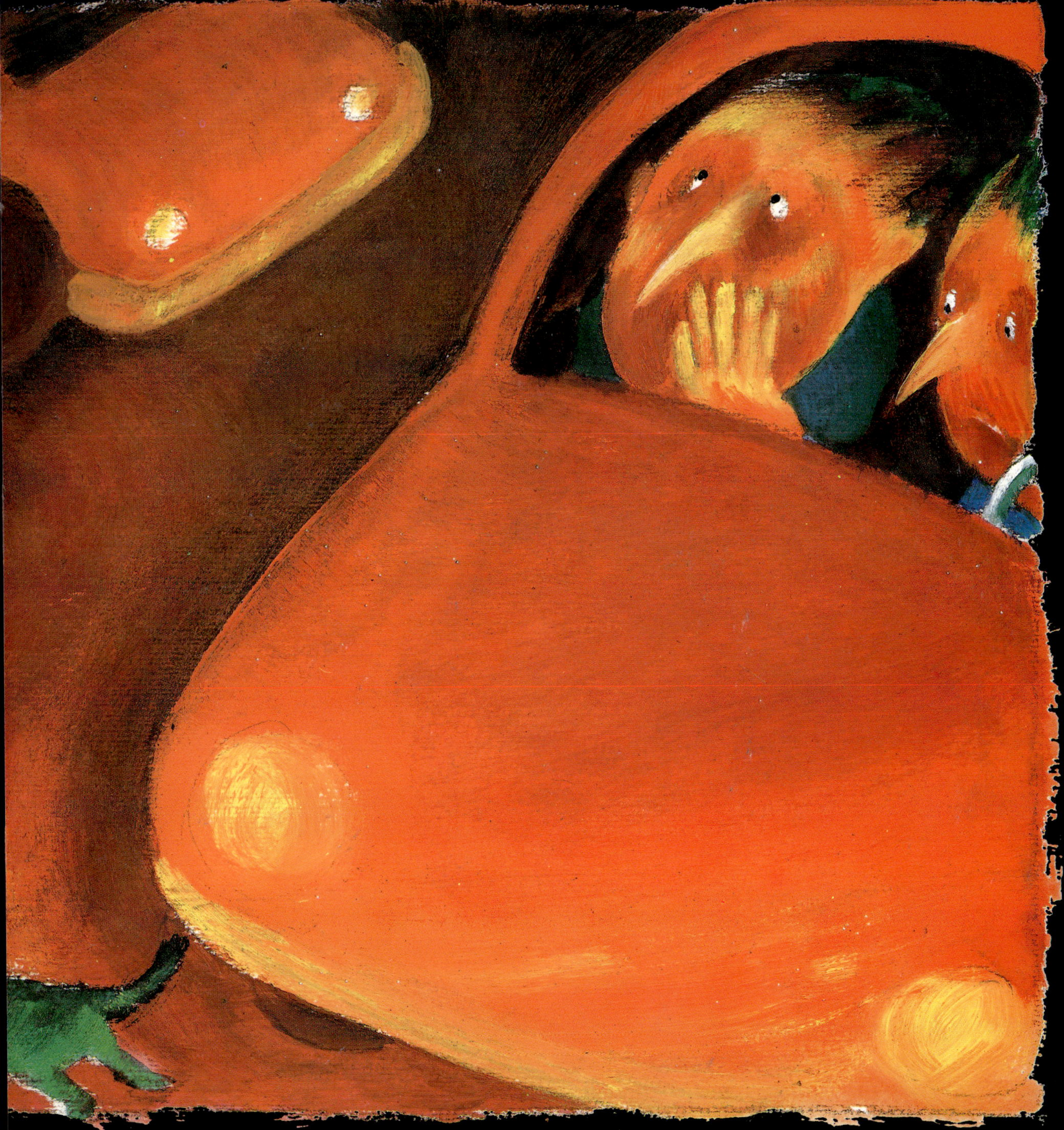

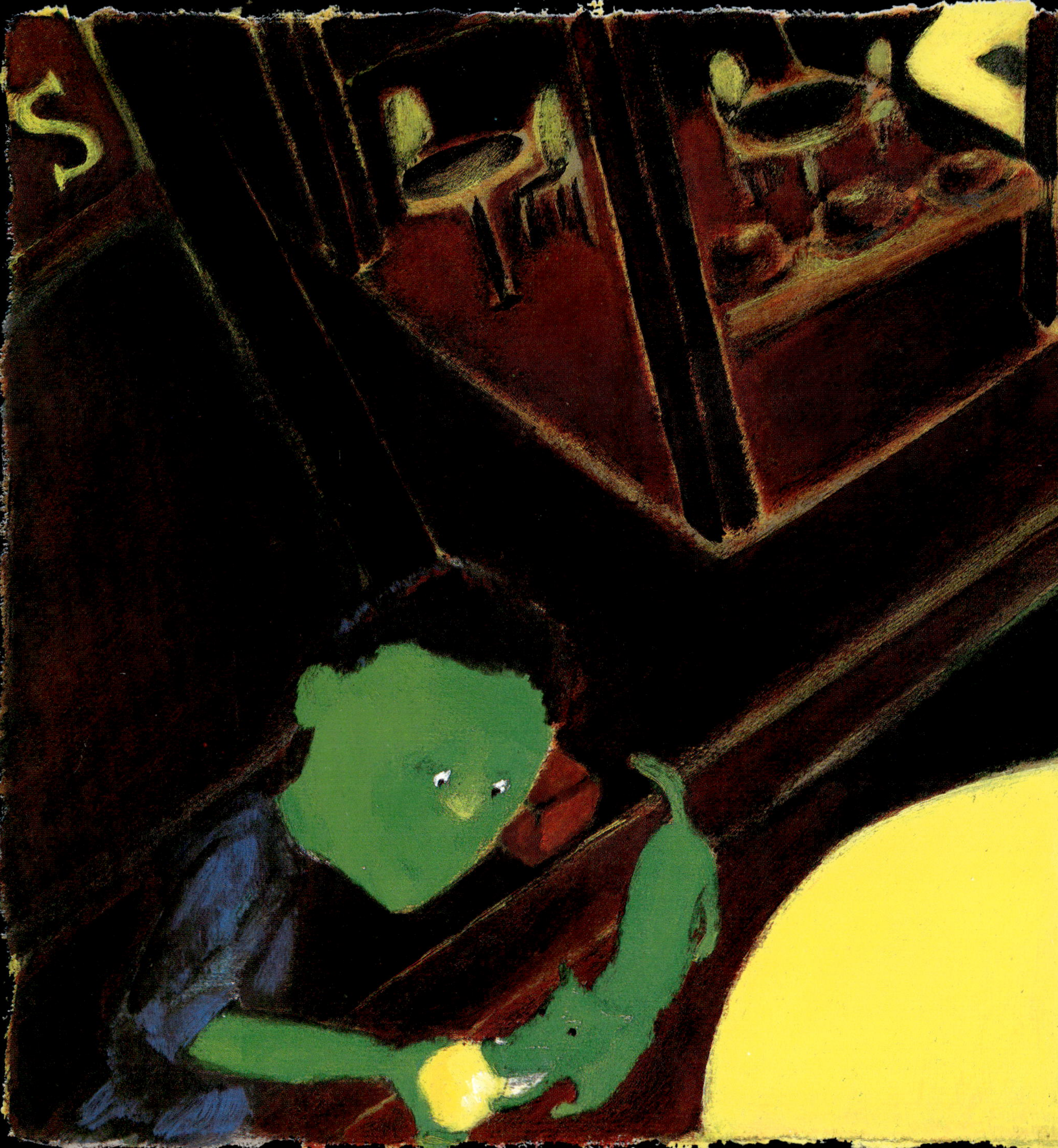

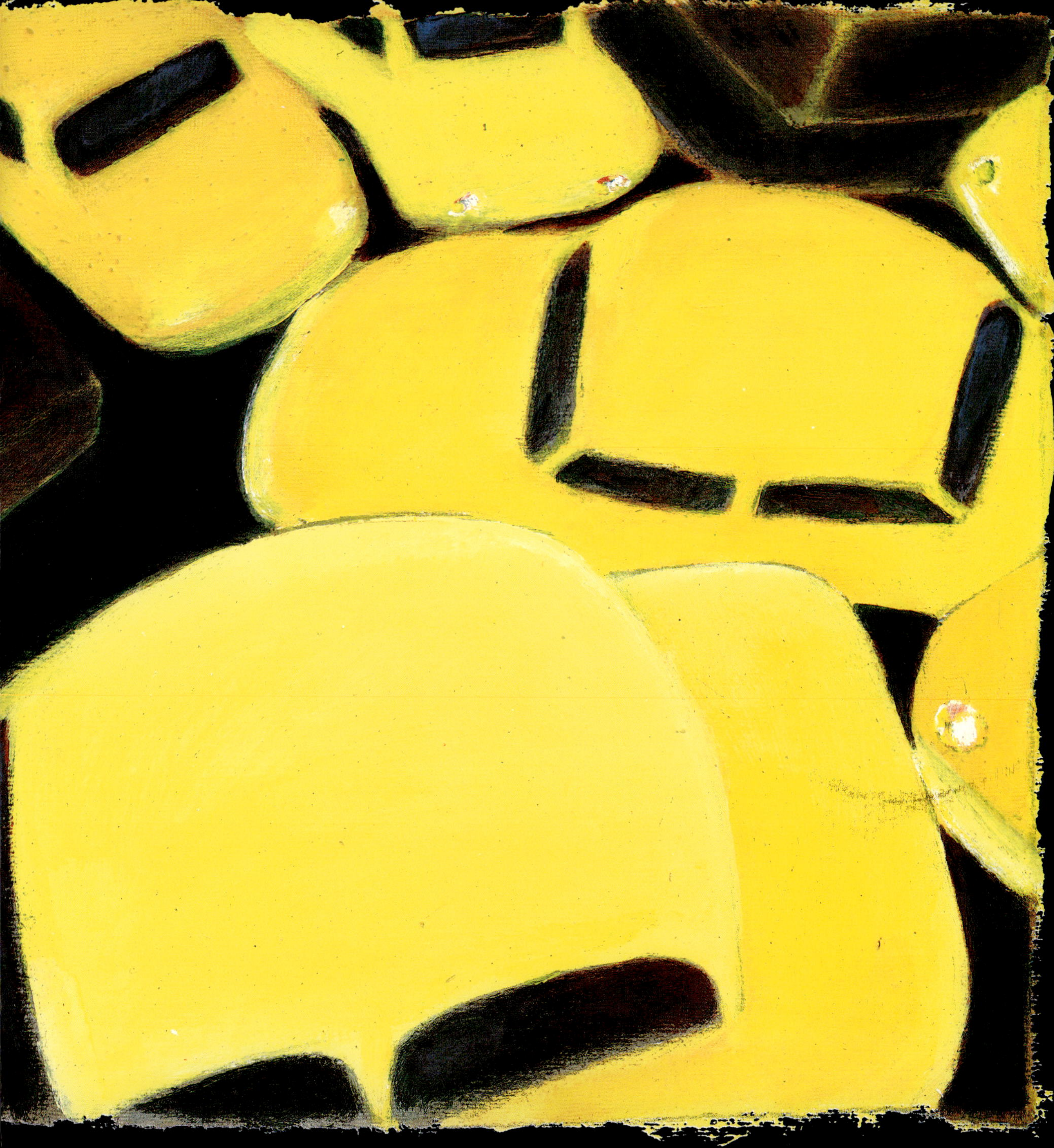

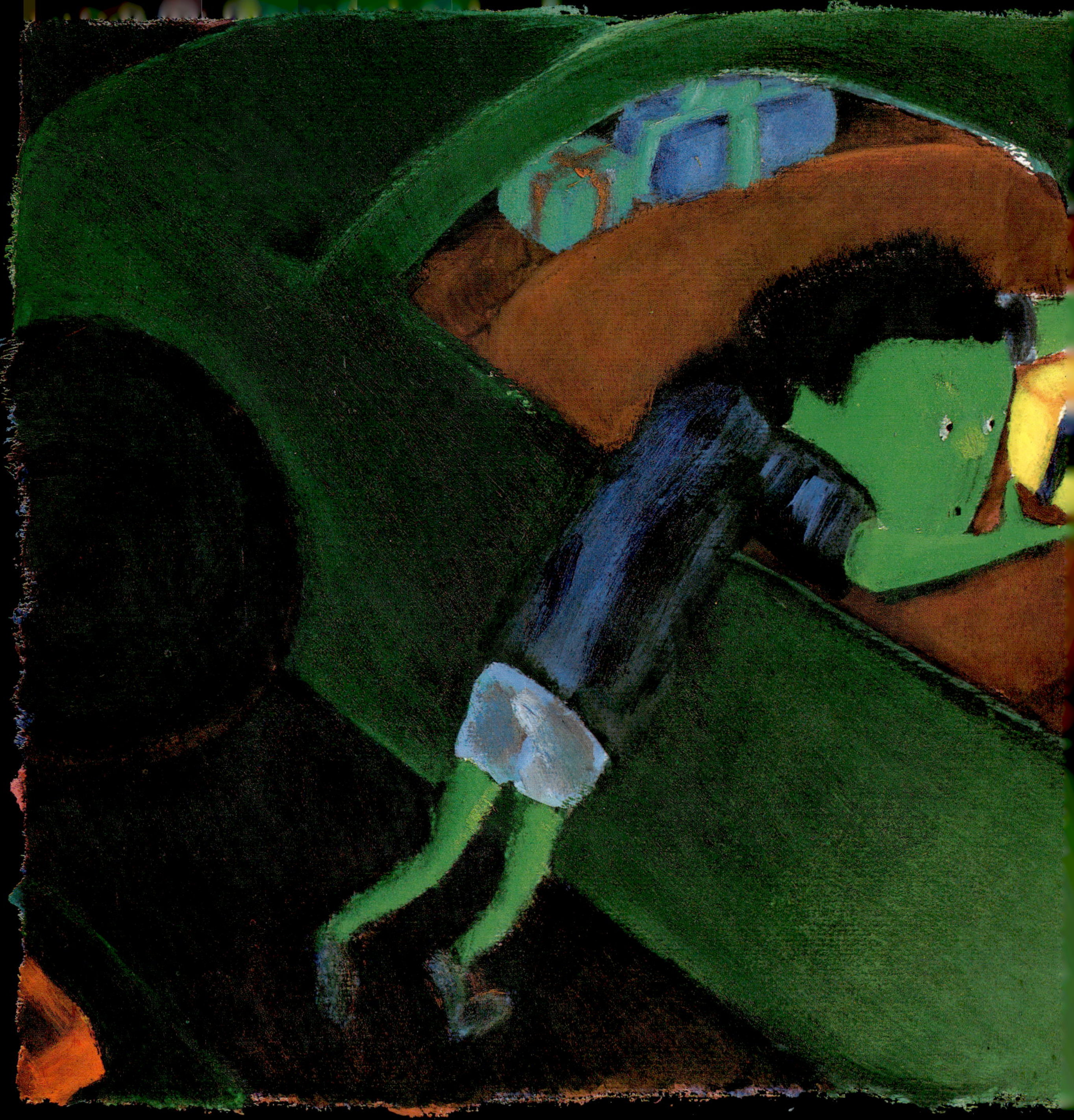

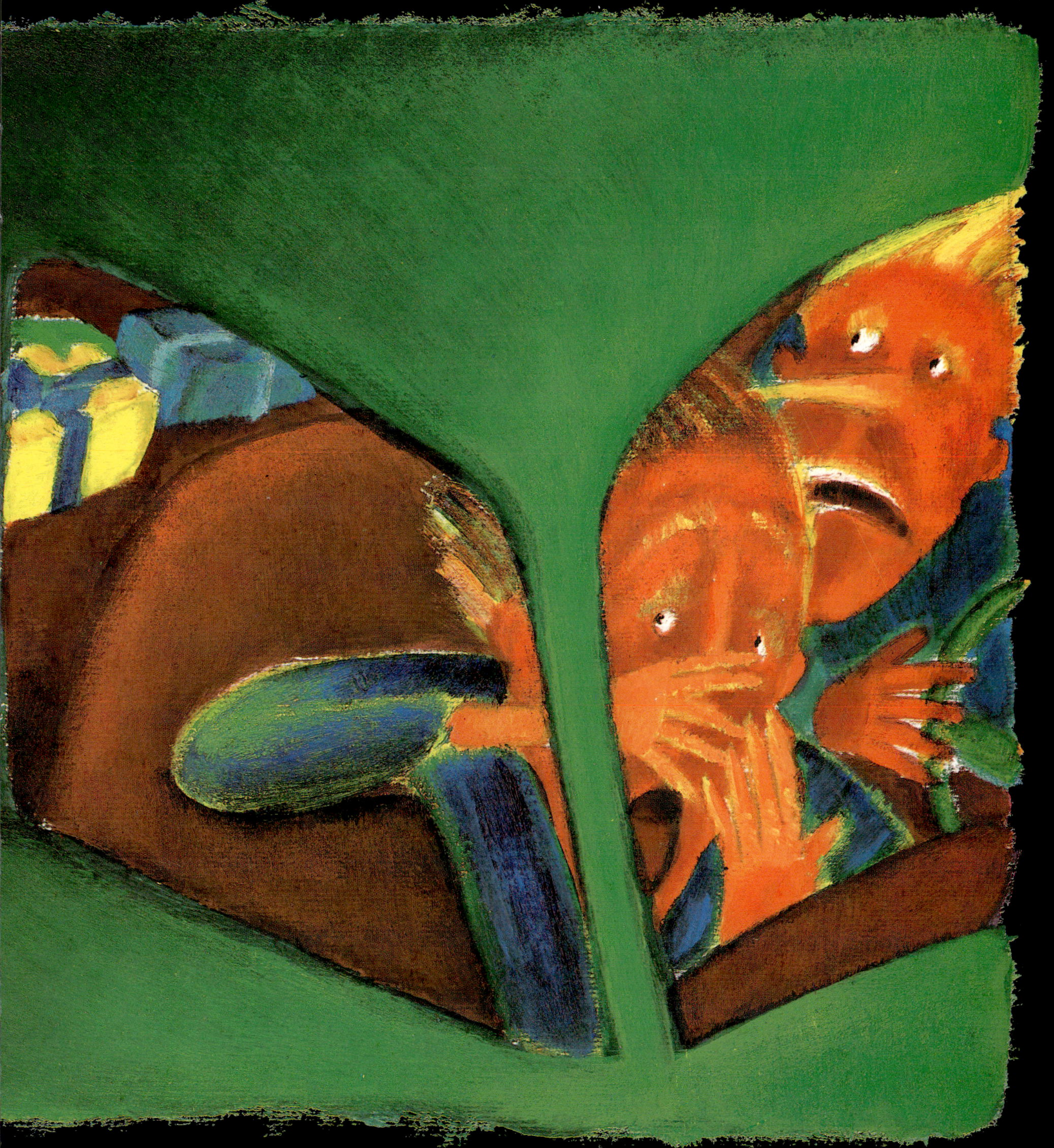

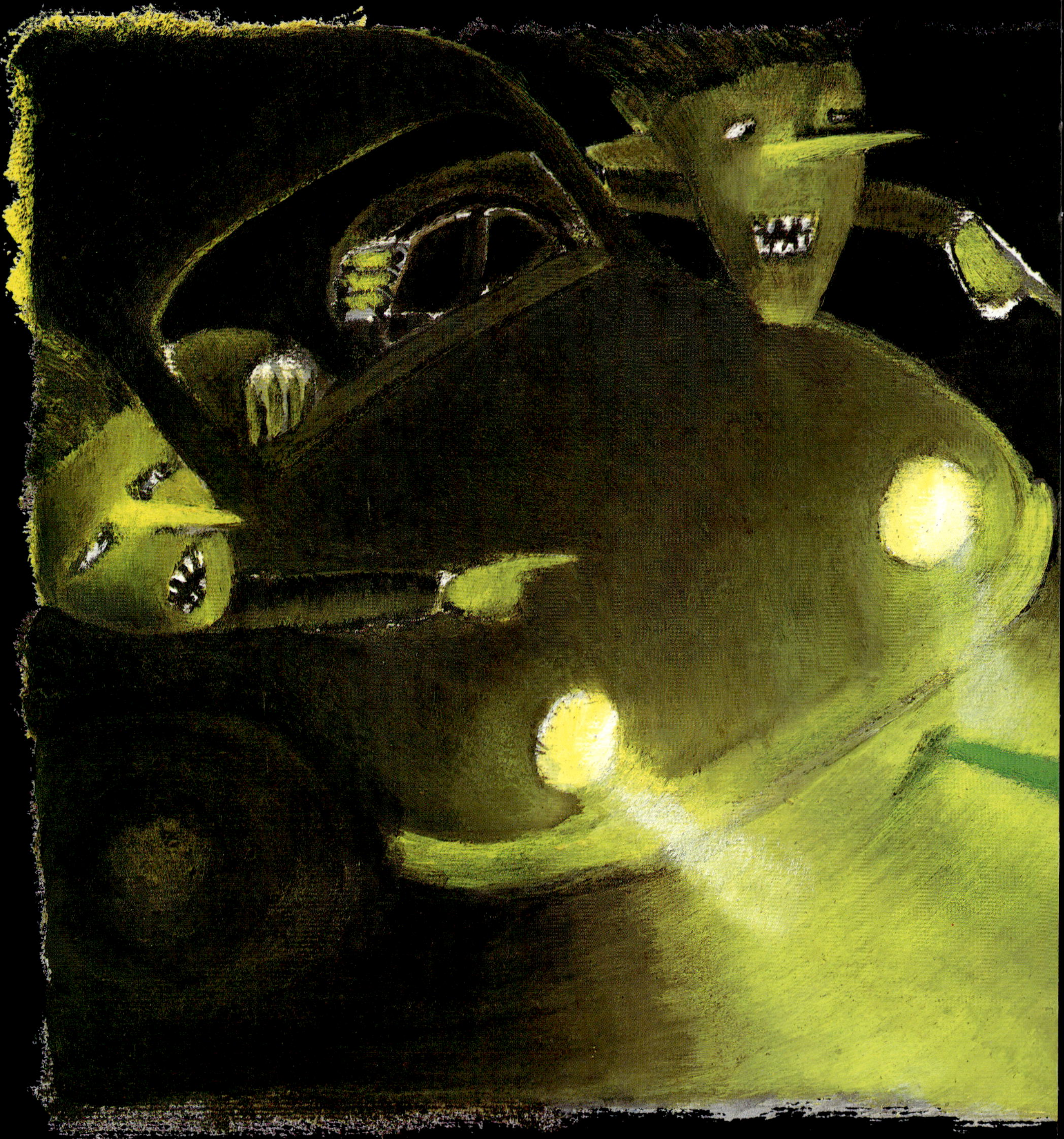

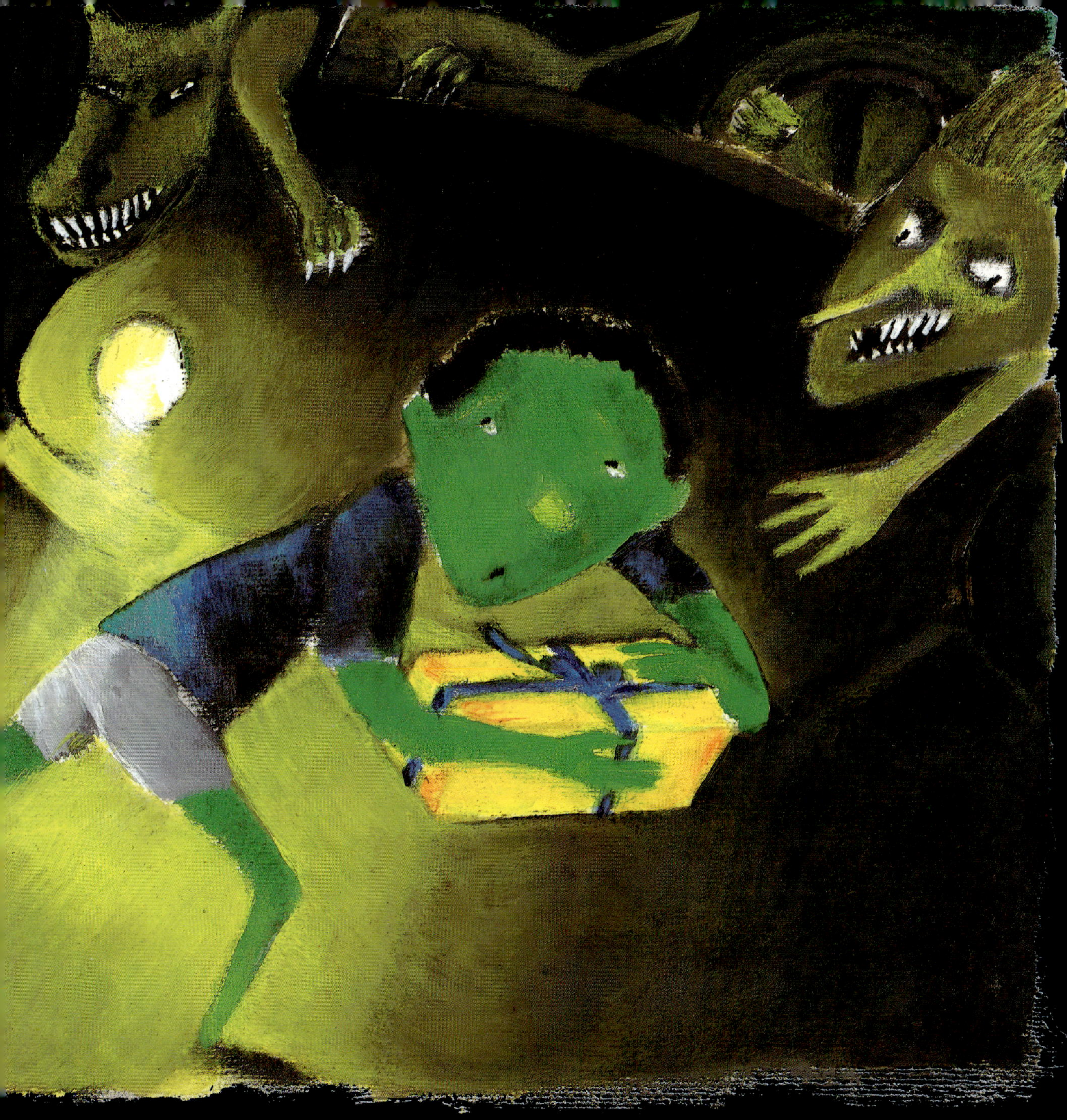

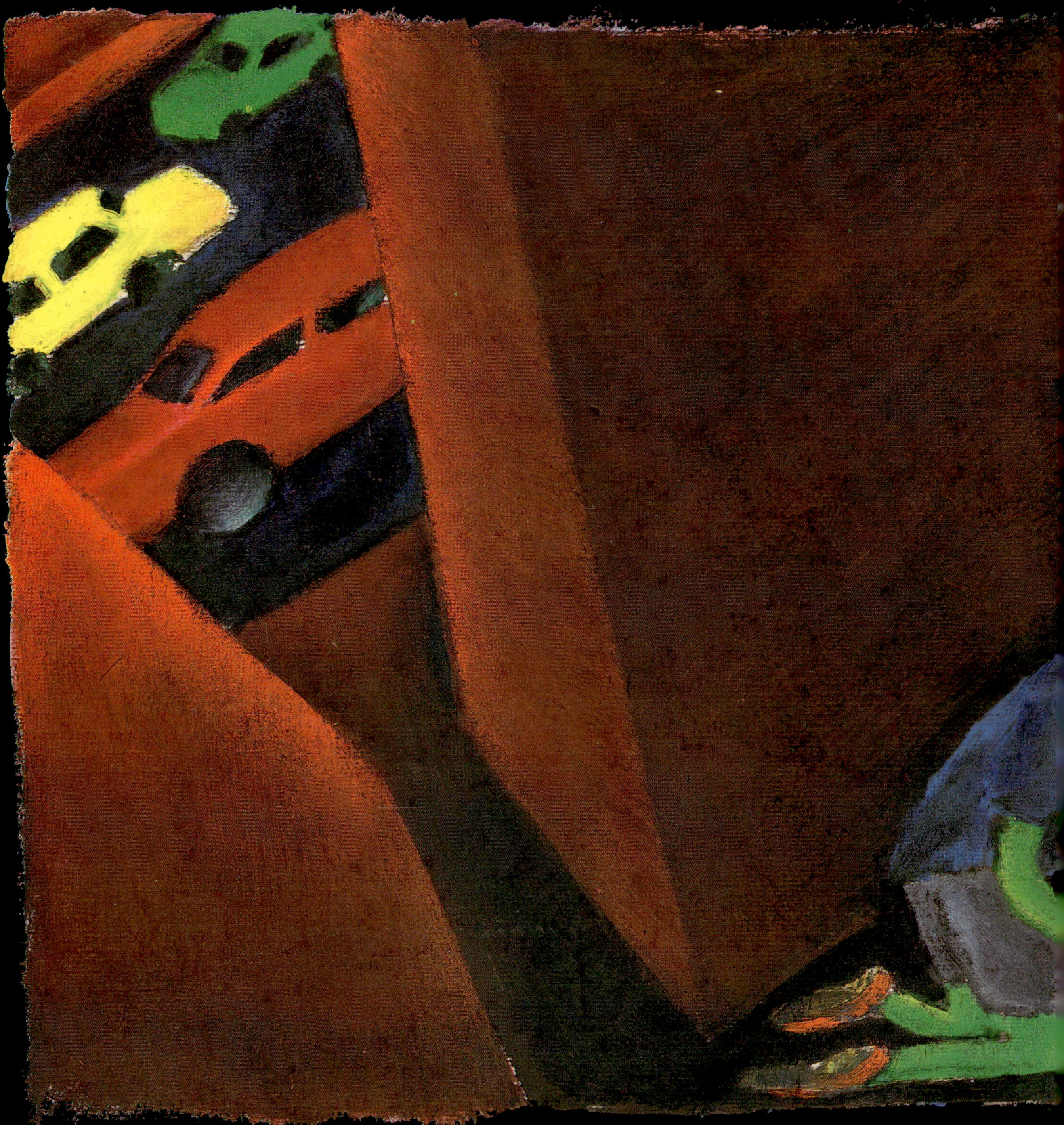

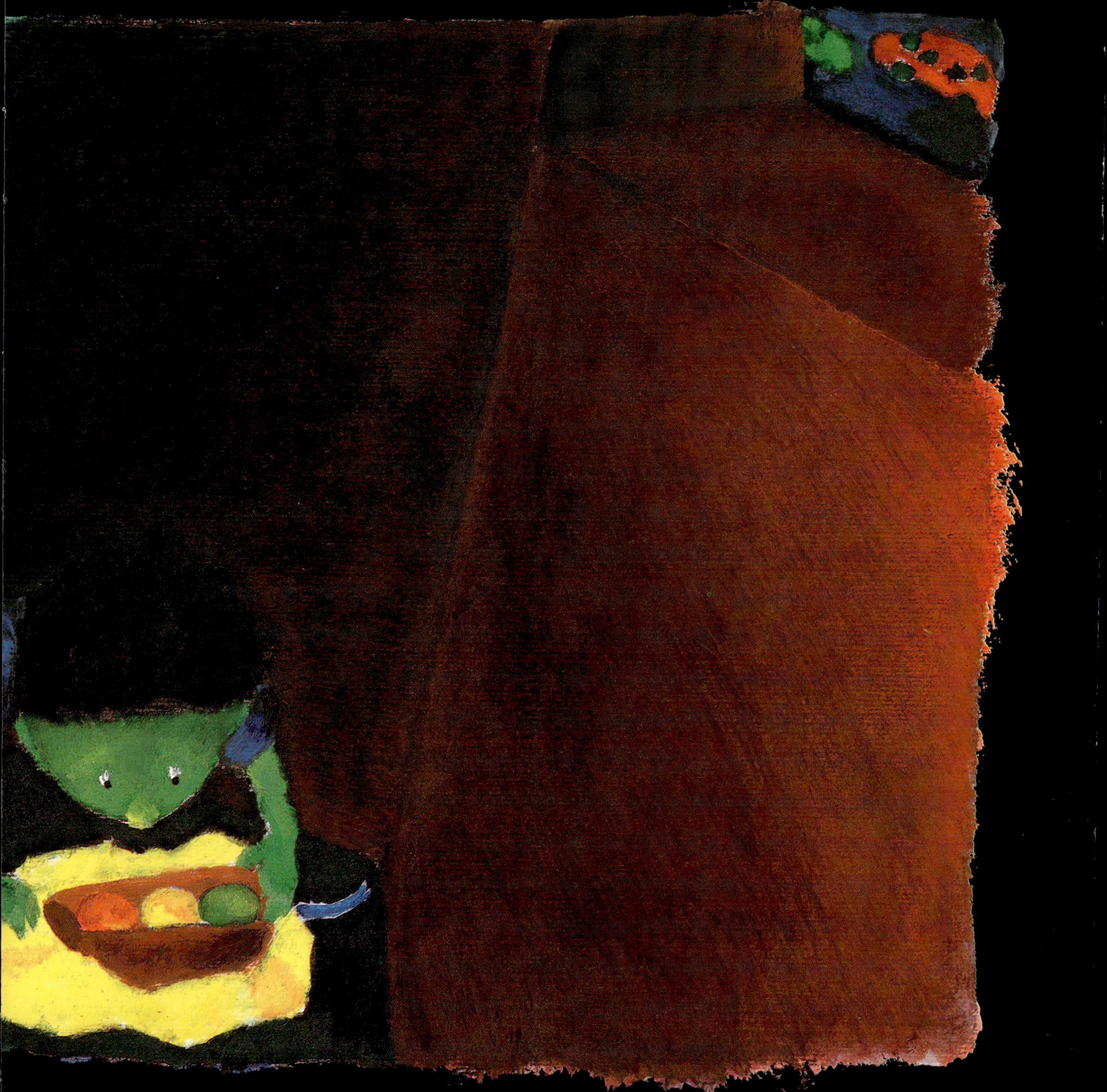

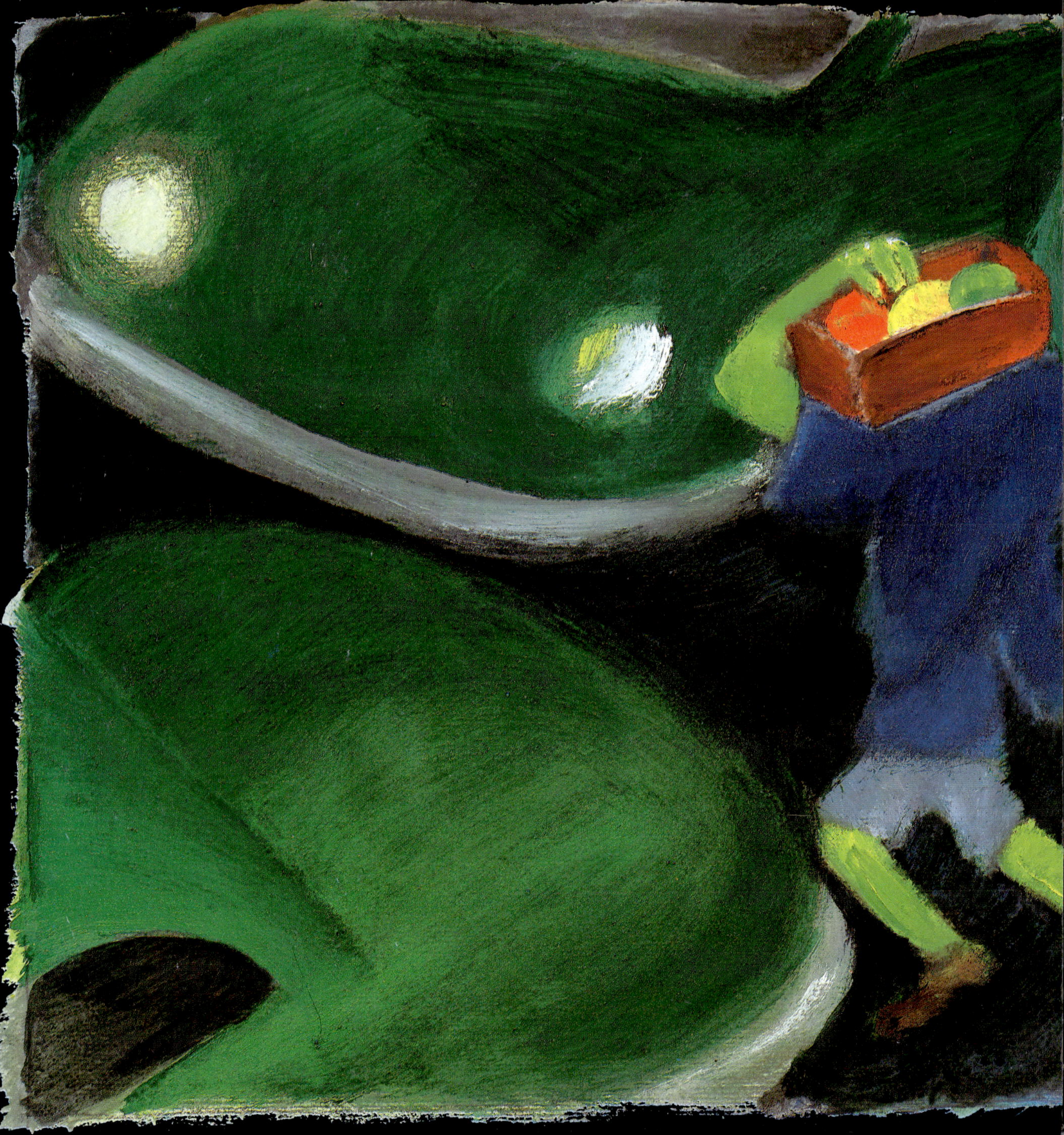

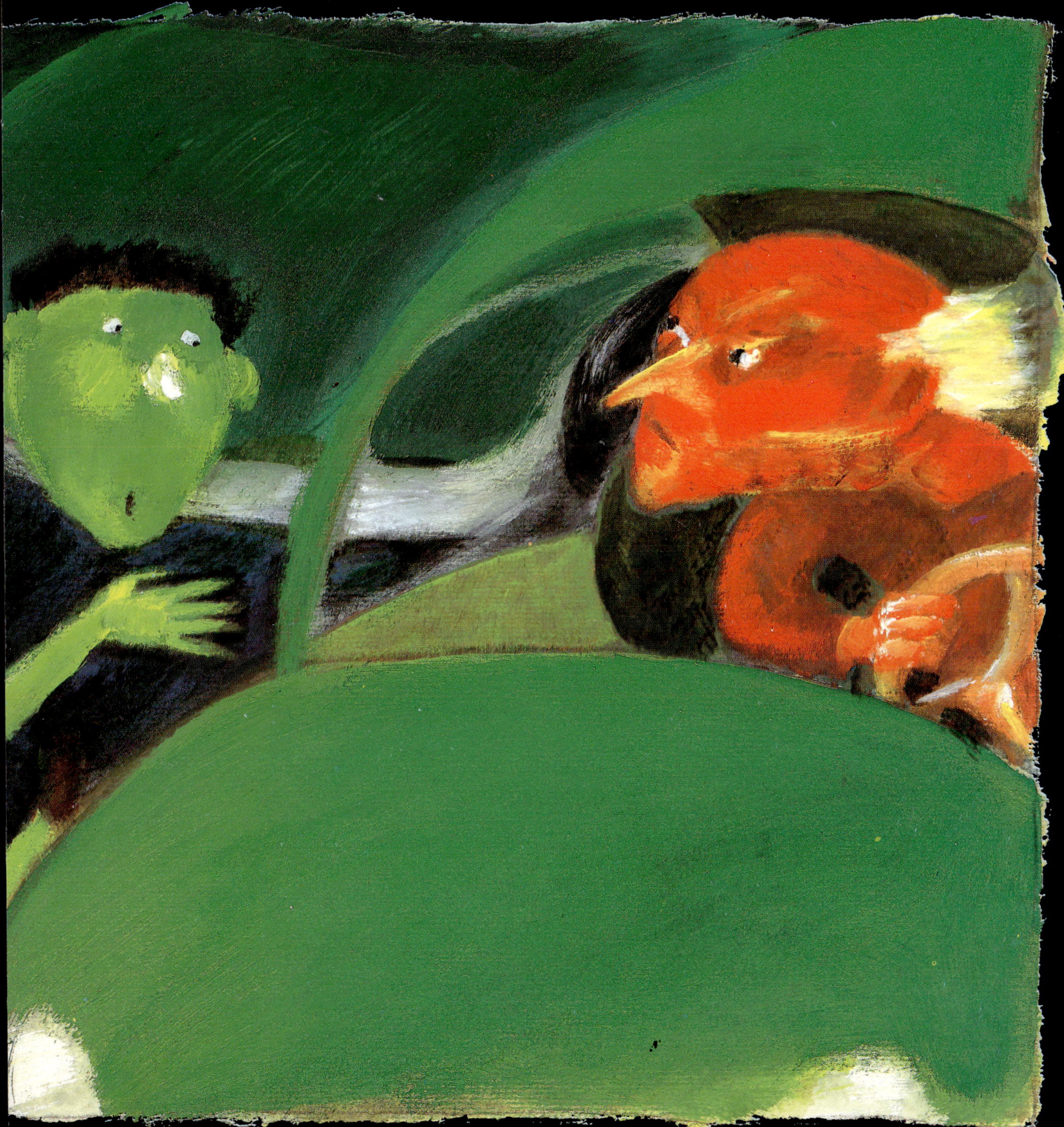

EDIF. BANCO DEL LIBRO,
AV. LUIS ROCHE
ALTAMIRA SUR, CARACAS, VENEZUELA

PUBLICADO POR PRIMERA VEZ EN BRASIL
POR RHJ LIVROS LTDA.
TÍTULO ORIGINAL: CENA DE RUA
EDITOR: RAFAEL BORGES DE ANDRADE

ISBN 980-257-244-6

9 789802 572441